Für Alix, Marie,
Jonathan und Léon!
C.S.

MIX
Papier aus verantwortungsvollen Quellen
FSC® C089473
www.fsc.org

Dieses Buch ist erhältlich als:
ISBN 978-3-407-75447-9 (Print)

in der Verlagsgruppe Beltz · Weinheim Basel
Werderstraße 10, 69469 Weinheim

Die französische Originalausgabe erschien 2017
unter dem Titel *Bonne nuit?*
im Verlag Éditions Frimousse

Übersetzung: Maren Illinger
Lektorat: Stefanie Schweizer
Einbandgestaltung: Kris Di Giacomo
Herstellung: Elisabeth Werner
Druck und Bindung: Beltz Grafische Betriebe, Bad Langensalza
Printed in Germany
1 2 3 4 5 23 22 21 20 19

Weitere Informationen zu unseren Autor_innen und Titeln
finden Sie unter: www.beltz.de

Coralie Saudo
Kris Di Giacomo

Ins große Bett?

Aus dem Französischen
von Maren Illinger

BELTZ
& Gelberg

Manchmal möchten kleine Elefanten
schrecklich gern im großen Bett schlafen.

– Darf ich heute Nacht zu dir?

– Nein, mein Schatz, das weißt du doch.

– Bitte, bitte ...!

– Kommt nicht in Frage.

– Aber ich hab dich doch sooo lieb!

– Ich dich doch auch.

– Ich mach mich auch mäuschenklein ...

– Ich habe nein gesagt. Und jetzt gute Nacht!

Große Elefanten wollen wohl keine kleinen Elefanten bei sich im Bett haben ...

1 2 3 4 ..

Aber so schnell geben kleine Elefanten nicht auf.

– Aha!
Der große Elefant hat das Licht ausgemacht.
Auf zehn geht's los.

Eins, zwei, drei, vier …

Man muss leise, leise
auf den Zehenspitzen schleichen.

– Schscht!

Und vorsichtig
muss man sein,
ganz vorsichtig …

Nicht so wie die großen Elefanten, die furchtbar laut SCHNARCHEN!

– Aua!
Meine armen kleinen großen Elefantenohren ...

Und schlafen wie ein
STEIN.

– Uff! Und auch so
schwer sind!

Und die ganze Decke nehmen ...

… und den ganzen Platz!

– Aaaah!

Den GANZEN Platz.

– Also, echt!

– Ist ja gut, ich hab's kapiert.
Da geh ich lieber in mein EIGENES Bett.

– Nanu?
Der Mond scheint aber hell heut Nacht.

Aber … das ist ja die Sonne!

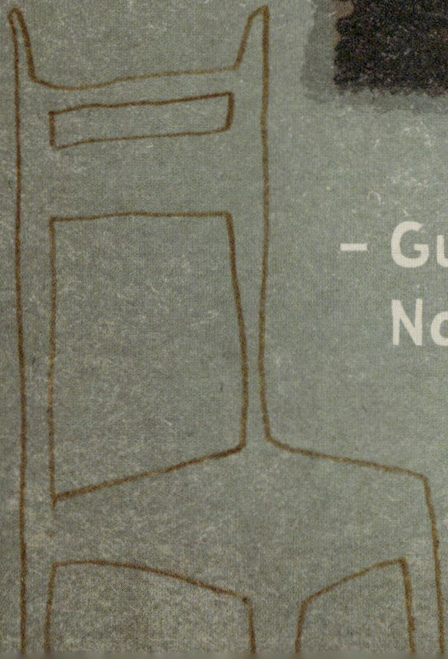

– Guten Morgen, mein Kleines!
Na, gut geschlafen?